채소랑 놀자

발달장애가 있는 영유아편

채소랑 놀자: 발달장애가 있는 영유아편

지은이 정경미 김수연 이명아
펴낸곳 한국ABA행동발달연구소

책임디자인 KDMT 곽단비
그린이 KDMT 이재준

출판등록 2014년 6월 11일 제114-91-17356호
주소 서울특별시 서초대로 25(방배동, 866-3번지) 유일빌딩 2층
전화 02-535-5538
홈페이지 http://www.koreaaba.com
이메일 koreaaba@koreaaba.com

초판 1쇄 발행 2019년 3월 5일

ISBN 979-11-965405-7-9

값 14,000원

한국ABA행동발달연구소

채소랑 놀자

발달장애가 있는
영유아편

정경미·김수연·이명아 지음

한국ABA행동발달연구소

어떤 아이에겐 먹는 것이 "즐거움"이 아니라 "어려운 일"이고, 편식은 먹는 것을 챙겨줘야 하는 양육자에게 큰 부담이자 골칫거리이다. 아이가 크면 나아진다고 하지만, 그게 언제인지, 그동안 어떻게 해야 하는지 모르는 양육자에게는 큰 고민이 아닐 수 없다. 타일러도 보고 혼내기도 하고 구슬려보기도 하지만, 딱히 효과가 없어 하루 세끼가 고역이다.

이 책에서는 연구를 통해 효과적으로 증명된 근거 있는 방법, 양육자가 손쉽게 사용할 수 있는 방법, 그리고 편식하는 아이 누구에게나 적용할 수 있는 방법을 소개하고 싶었다. 다행스럽게도 이제까지 연구는 아이들은 안 먹는 음식을 많이 보여주고, 만지게 하고, 냄새 맡게 할수록, 아이가 많이 먹게 될 가능성이 크다고 보고한다. 그리고 아동의 발달수준이나 편식 정도에 관계없이 동일한 방법을 오랫동안 꾸준히 하는 것을 강조한다.

하루 일정이 빡빡한 양육자에게는 많이 생각하지않고 그냥 따라만 해도 되는 책이 필요하다. 그래서 구하기 쉬운 준비물을 제시하고, 절차를 구체적으로, 그리고 보기 좋게 그림으로, 동영상으로 구성된 책을 만들어보았다. 선호하는 방법을 선택할 수 있게 종이책과 전자책을 만들었다. 내용이 잘 전달될 수 있게 문장을 최소화하고 그림, 사진, 동영상 등 시각적 정보를 최대화하였다. 그리고 더 재미 있게 실천할 수 있도록 토큰 사용법과 놀이 도구를 부록에 실었다.

이제 도구는 준비되었다. 실천은 부모님들과 선생님들의 것이다. 모든 부모님이, 그리고 선생님들이 작은 실천을 모아 편하고 흐뭇하게 아이들이 먹는 모습을 볼 수 있게 되기를 진심으로 기대해 본다.

이 책은 2018년 한국출판문화산업진흥원 멀티미디어형 전자책 제작 지원을 받아 제작 되었다. 여러 번의 수정을 감수해주신 KDMT와 KDMT 곽단비 선임 연구원에게 감사드린다. 이 책의 등장인물들을 그려주신 KDMT 이재준님께 감사인사를 전한다. 마지막으로 이 책이 나오기까지 크고 작은 도움을 준 연세대학교 심리학과 행동심리연구실의 모든 구성원들에게 고마움을 전한다.

즐거운 식사 시간을 기다리며
저자일동

채소랑 놀자
: 발달장애가 있는
영유아편

〈채소랑 놀자 : 발달장애가 있는 영유아편〉은 어떤 책인가요?

　이 책은 발달장애가 있는 영유아들에게 채소를 이용한 재미있는 놀이 활동을 통해 채소에 대한 친숙도를 높이고, 결과적으로 채소섭취를 증진시키려는 목적으로 개발되었습니다. 이 책은 총 24개의 놀이로 구성되어 있고, 가정, 교육기관, 치료센터에서 부모나 교사에 의해 진행될 수 있습니다. 다양한 채소를 가지고 일주일에 4회 이상 6개월 동안 프로그램을 진행할 것을 권합니다.

〈채소랑 놀자 : 발달장애가 있는 영유아편〉은 누구에게 가장 좋은가요?

만 2세에서 6세 이전까지의 자폐성 장애 영유아에게 적합한 놀이들로 구성되어 있습니다. 놀이 난이도나 세부 사항은 아이의 발달단계나 선호도에 맞춰 조정하기를 권합니다.

〈채소랑 놀자 : 발달장애가 있는 영유아편〉은 어떤 근거에 의해 개발이 되었나요?

자폐성 장애를 가진 영유아에게 편식은 흔히 나타는 문제입니다. 자폐성 장애 아동의 섭식 행동을 조사한 연구들을 살펴보면 많게는 90%의 아이가 섭식 문제를 보인다고 보고합니다.[1] 특히 채소는 아이들이 좋아하는 맛과 질감을 가지고 있지 않기 때문에, 장애 유무에 상관없이 영유아가 가장 기피하는 먹거리입니다.[2] 전문가들에 의해 가장 권장되는 편식개선 방법은 다양한 음식에 대한 반복 노출, 그리고 건강한 음식에 대한 긍정적인 경험입니다.[3-4] 음식의 맛, 향, 질감에 반복적으로 노출되면 싫어하는 것도 스스로 먹게된다는 뜻입니다. 그러나 억지로 맛보게 하면 아이들이 심하게 저항할 뿐 아니라 그 음식에 대한 불쾌한 경험으로 인해 자발적인 섭취로 이어지지 않을 가능성이 높습니다.[5] 최근 몇 연구팀은 섭취를 강요하지 않고 음식을 시각적으로 노출하기를 반복하는 것만으로도 섭취량 증가 효과가 있는지 관찰하여 반복 노출이 섭취량을 증가시킨다는 결과를 얻었습니다.[6-7] 이에 연세대학교 행동심리 연구팀은 정상 발달하는 아이들을 대상으로 6개월간 14개의 채소를 이용한 놀이 프로그램을 통하여 채소를 노출시켰고, 그 결과 아이들의 채소 섭취가 증가하고 영양상태가 개선됨을 관찰할 수 있었습니다.[8] 행동심리 연구팀은 이 프로그램을 자폐성 장애 영유아의 특성에 맞게 수정·보완하여 총 24개의 **채소놀이 프로그램**을 완성했습니다.[9] 치료기관에 행동심리 연구팀이 방문하여 6개월간 주 4회 놀이 활동을 하며 이 채소놀이 프로그램을 한 결과, 자폐성 장애 영유아의 채소섭취량도 증가함을 관찰하였습니다. **〈채소랑 놀자〉**는 행동심리학 연구진이 효과를 시험한 연구기반의 프로그램입니다.

이것만은 꼭 지키세요!

첫 번째,
실재 채소를 사용하세요.

채소의 냄새와 촉감에 친숙해져야 하므로 꼭 실제 채소를 사용하세요. 연구에 따르면 그림이나 사진보다 실제 채소를 사용하는 것이 편식 개선에 대한 효과가 직접적이라고 합니다.

두 번째,
6개월 동안 일주일에 4회 이상 실시하세요.

편식을 개선하기 위해서는 꾸준하고 규칙적으로 채소의 냄새와 촉감에 노출되어야 합니다. 최소 6개월 이상, 일주일에 4회 이상, 한 번에 5~10분간 채소놀이를 실천하면 편식이 개선될 가능성이 높습니다.

Tip

- 꾸준히 실천하기 위해서 부록에 마련된 토큰 판과 채소놀이 달력을 사용해보세요.
- 채소놀이 달력에 오늘 날짜를 적어 넣고 앞으로 6개월간 꾸준히 실천하세요.

세 번째,
단계에 맞춰서 진행하세요.

〈채소랑 놀자〉 프로그램은 감각 노출 수준에 따라 총 3단계로 구성되어 있습니다.

>1단계 놀이: 시각 노출 중심의 8가지 놀이
>2단계 놀이: 시각, 후각 노출 중심의 8가지 놀이
>3단계 놀이: 시각, 후각, 촉각 노출 중심의 8가지 놀이

감각에 매우 민감한 아이들이 있습니다. 예를 들어 자폐성 장애를 가진 경우가 그렇습니다. 이런 아이에게 처음부터 채소를 만지게 하고 무엇인가 하게 만들면 크게 거부할 수 있습니다. 편식 개선을 목적으로 한다면 이 단계에 따라서 점진적으로 다양한 감각에 노출되도록 하는 것이 좋습니다. 놀이의 난이도를 아이에 맞춰 조정하거나 취향대로 놀이를 변형시키는 것은 좋지만, 갑자기 많은 감각에 노출되지 않도록 1단계부터 3단계까지 순서대로 진행하세요. 각 단계별로 적어도 2달 이상 실시한 후 다음 단계로 진전할 것을 권장합니다.

For toddlers with developmental disabilities

재미있고 유익한 채소놀이를 위한 여섯 가지 제안

첫 번째, 매일 매일 수행을 기록하세요.

1) 아이가 놀이에 얼마나 적극적으로 참여하는지 '적극적으로 참여하기' 점수를 기록해 보세요.
2) 아이가 채소놀이 시간에 얼마나 떼를 썼는지 '떼쓰기' 점수를 기록해 보세요.

> **Tip**
>
> 매일의 수행을 기록하기 위해서 부록에 마련된 행동기록지와 행동그래프를 활용해보세요. 개선되어 가는 모습을 눈으로 확인할 수 있다면 실천하는 보람을 더 크게 느끼게 될 것입니다.

두 번째, 프로그램 시작 전 3일과 프로그램 종료 후 3일 동안 섭식일지를 작성하세요.

반드시 프로그램 시작 전 3일 동안 일일 섭취기록지를 작성하고 섭취행동 설문검사에 응답해두세요. 프로그램이 끝난 직후, 같은 방식으로 3일 동안 일지와 설문을 한 번 더 작성하세요. 프로그램 전과 후에 작성한 일지와 설문을 비교하면 6개월 동안 채소놀이를 통해 아이의 식습관이 개선된 정도를 객관적으로 확인할 수 있습니다.

> **Tip**
>
> 일일 섭취기록지와 섭식관련설문, 응답 방법은 부록에서 찾아볼 수 있습니다.
> 일일 섭취기록지는 정확하게 적는 것이 중요하므로 식사 후 바로 기록해야 합니다. 시간이 지난 후에 기록하려면 정확하게 기억해내기 쉽지 않습니다.

세 번째, 매일 정해진 시간에 놀이하세요.

　　매일 같은 시간에 프로그램을 진행하면, 채소를 이용한 활동에 대한 거부감이 줄고 채소와 친숙해지는 데 큰 도움이 됩니다.

네 번째, 토큰을 활용하세요.

　　아이가 적극적으로 놀이에 참여할 수 있도록 토큰을 사용해보세요. 매일 놀이를 하고 나면 토큰을 붙여 주세요. 목표 토큰 수를 달성하면 원하는 상을 받을 수 있게 약속을 정해보세요.

> **Tip**
>
> 토큰판도 부록에 있습니다. 토큰으로 아이들이 좋아하는 스티커를 활용해보세요.

다섯 번째, 친구들과 함께 해보세요.

　　놀이 참가자를 다양하게 하면 아이가 흥미를 잃지 않는 데에 큰 도움이 될 수 있습니다.

여섯 번째, 채소놀이를 다양하게 변형 해보세요.

　　아이의 흥미와 관심에 따라 이 책에 제시된 놀이를 여러 가지 형태로 변형시켜 보세요. 예를 들어 놀이마다 사용할 채소의 종류를 바꿔보세요. 혹은 스티커를 사용하는 경우 다양한 크기의 스티커를 준비해보세요. 놀이에 그림이 사용되는 경우 아이가 좋아하는 캐릭터 그림을 사용할 수도 있습니다.
　　이 책에 나온 방법은 꼭 채소뿐 아니라 과일이나 기타 다른 음식에도 적용이 가능합니다. 음식의 모양, 색깔, 질감 등에 따라 적절한 놀이를 선택하여 다양한 음식의 편식 개선에도 적용해보세요.

1단계

채소놀이 프로그램

01 채소 그림을 붙여요 — 024
밑그림에 채소 그림 붙이기

02 채소가 어디 갔을까? — 027
손수건 밑에 숨겨진 채소 찾기

03 채소를 흔들어요 — 030
투명한 통 속에 채소를 넣어 흔들고 굴리기

04 채소를 뜰채로 떠요 — 033
뜰채를 이용해 물속에 있는 채소 건지기

05 채소에 스티커를 붙여요 — 036
채소에 스티커 붙이기

06 채소낚시를 해요 — 039
자석을 이용한 낚싯대로 채소 낚시하기

07 채소랑 기차놀이해요 — 042
투명한 통으로 만든 기차에 채소를 태워서 기차놀이하기

08 내 맘대로 색깔 바꿔요 — 045
셀로판지로 채소 색깔 바꿔보기

2단계
채소놀이 프로그램

09 냠냠 맛있게 먹어요 — 050
얼굴 부분의 보드판 입 부분에 채소 넣기

10 채소로 그림을 그려요 — 053
밑그림 위에 채소를 올려놓기

11 채소를 굴려요 — 056
채소를 책상에서 굴리기

12 채소퍼즐을 맞춰요 — 059
잘려진 채소 조각 맞추기

13 채소 미끄럼틀 태워요 — 062
투명한 통으로 만든 미끄럼틀 위로 채소 굴리기

14 채소를 손으로 떠요 — 065
물속에 있는 채소를 손으로 건지기

15 채소에 모양을 찍어요 — 068
모양 틀을 이용해 채소 찍어 내기

16 채소목걸이를 만들어요 — 071
구멍 뚫린 채소를 꿰어 목걸이 만들기

3단계
채소놀이 프로그램

17 알록달록 물감놀이를 해요 — 076
채소 도장으로 종이에 모양 찍기

18 채소로 모자이크놀이를 해요 — 079
밑그림 위에 채소를 붙여 그림을 완성하기

19 채소랑 트럭놀이를 해요 — 082
채소 조각을 장난감 트럭에 담아 옮기기

20 채소로 탑을 쌓아요 — 085
채소 조각으로 탑 쌓아 올리기

21 나만의 채소나무를 만들어요 — 088
채소를 이용해 나무그림 그리기

22 채소반지를 만들어요 — 091
채소반지 끼우고 놀기

23 채소를 으깨요 — 094
채소를 손으로 으깨면서 감촉 느끼기

24 손바닥을 찍어요 — 097
갈은 채소를 손에 묻혀 종이에 찍기

부록 / 참고문헌

부록1	행동기록지와 행동그래프	100
부록2	채소놀이 달력	103
부록3	토큰판	104
부록4	일일 섭취기록지	105
부록5	섭취행동 설문검사와 해석	107
부록6	인쇄해서 사용하는 놀이 도구	112
	참고문헌	119

프로그램 진행 방법

1) 단체 놀이, 2) 개별 놀이, 3) 개인 놀이 중 하나의 형식을 따릅니다. 어른들이 주 치료자와 보조 치료자의 역할을 합니다. 보조 치료자 역할은 연령이 높은 학생이나 실습 선생님도 할 수 있습니다.

1) 단체 놀이

2~4명의 아이들이 동시에 채소놀이를 하는 방식으로, 특히 어린이집이나 치료 기관에서 교사나 치료자가 진행할 때 적합합니다.

- **주 치료자의 역할**
  먼저 시범을 보인 후, 전체 아이들에게 지시하고, 각각의 아이들이 놀이를 잘 수행하고 있는지 감독합니다.

- **보조 치료자의 역할**
  자신이 담당한 아이가 수행에 어려움을 겪는 경우, 아이가 놀이를 완전하게 수행할 수 있도록 부분적 또는 전체적으로 수행을 돕습니다.

- **참가 인원**

아이 수	2~4명
주 치료자	1명
보조 치료자	아이 수와 동일

- **놀이 순서**   주 치료자가 시범을 보인 후, 아이들이 놀이를 합니다.

· 준비물　　　　　책상 위에 준비물 및 도구는 아이 수만큼 준비합니다.

· 놀이 시간　　　　4명의 아이가 있을 경우, 주 치료자의 설명과 시범, 아이들의 놀이 시간을 모두 합쳐서 20분을 넘지 않게 합니다. 놀이가 길어지면 아이들은 집중력을 잃고 재미를 느끼기 어렵습니다.

Care

아이들이 채소와 '즐거운 경험'을 하게 하는 것이 이 프로그램의 일차적 목표라는 사실을 잊지 마세요. 〈채소랑 놀자〉 프로그램을 하는 동안에는 아이들이 채소에 대해 학습하거나 당장 먹어보는 것보다 즐거운 놀이 시간을 만드는 것이 훨씬 중요합니다.

2) 개별 놀이

2~4명의 아이들이 순서대로 돌아가며 채소놀이를 하는 방식으로, 어린이집이나 치료 기관에서 교사와 보조교사가 함께 진행할 때 적합합니다.

Tip

채소와 준비물을 자르거나 붙이는데 어려움을 느끼고 준비물로 주변을 어지럽히기 쉬운 어린 영아일수록 주 치료자와 보조 치료자가 함께 도움을 줄 수 있는 이 방법이 적절합니다.
24개의 놀이 중에서는 '채소가 어디 갔을까', '채소랑 기차놀이해요', '채소를 굴려요'가 개별 놀이로 진행하면 좋은 놀이입니다.

- **주 치료자의 역할**
  먼저 시범을 보인 후, 한 아이씩 차례대로 놀이를 지시합니다. 지시받은 아이가 놀이를 완전하게 수행하도록 보조치료자와 함께 도와줍니다.

- **보조 치료자의 역할**
  자신이 담당한 아이가 지시를 받으면 완전하게 놀이를 수행하도록 부분적 또는 전체적으로 수행을 돕습니다. 다른 아이가 놀이할 때에는 아이가 앉아서 기다리도록 합니다.

* 놀이 절차 중 도입과 마무리 부분은 주 치료자가 모든 아이들을 대상으로 진행하고, 전개 부분은 보조 치료자가 담당 아이와 함께 진행합니다.

- **참가 인원**

아이 수	2~4명
주 치료자	1명
보조 치료자	아이 수와 동일

- **놀이 순서**   주 치료자가 시범을 보인 후, 아이들이 한 명씩 놀이를 합니다.

- **준비물**   준비물 및 도구는 아이 수만큼 준비하되 책상 위에는 한 세트씩 꺼내 놓습니다.

- **놀이 시간**   아이 한 명당 놀이 시간을 5분 정도로 조절하여 대기 시간이 너무 길어지지 않도록 합니다.

3) 개인 놀이

    1명의 아이들과 1명의 치료자가 함께 하는 방식으로 양육자가 치료자가 되어 한 명의 아이와 형제 또는 자매와 할 때 적합합니다.

- **치료자의 역할**
  먼저 시범을 보인 후, 아이와 함께 놀이를 시작합니다. 아이가 놀이를 완전하게 수행하도록 도와줍니다.

- 참가 인원

아이 수	1명
치료자	1명

- 놀이 순서   주 치료자가 시범을 보인 후, 아이가 놀이를 합니다.

- 준비물   준비물 및 도구는 책상 위에 한 세트를 준비합니다. 아이의 상태에 따라서 놀이 시간이 너무 짧다면, 비슷한 준비물을 한 두 개 더 준비합니다.

Tip

놀이 시간을 늘리려면 준비물을 다양하게 준비하는 것도 좋습니다. 예를 들어 놀이에 스티커가 필요하다면 스티커의 종류를 2-3개로 준비해서 아이에게 "무슨 스티커를 붙일까?"하고 선택하게 해볼 수 있습니다.

- 놀이 시간   놀이 시간을 5~10분 정도로 합니다.

1단계 채소놀이

1단계 채소놀이에서 주로 사용되는 감각은 시각입니다.
채소를 자르거나 썰지 않고 통째로 사용합니다.
첫 단계에서는 아이들이 눈으로 실물 채소를 보는 데 집중하게 도와주십시오.

01

01

채소 그림을 붙여요

밑그림에 채소 그림 붙이기

| 준비물 (1세트) | ① 3가지 채소 1개씩
② 스케치북 1개
   (스케치북 크기의 종이 3장)
③ 풀 1개 | 추천 채소 | 당근, 파프리카, 상추, 가지 |

| 준비 | ① 스케치북 위에 채소 모양 밑그림을 그려둔다.
② 채소 그림을 잘라 준비해둔다. |

Let's Play with Vegetables

도입

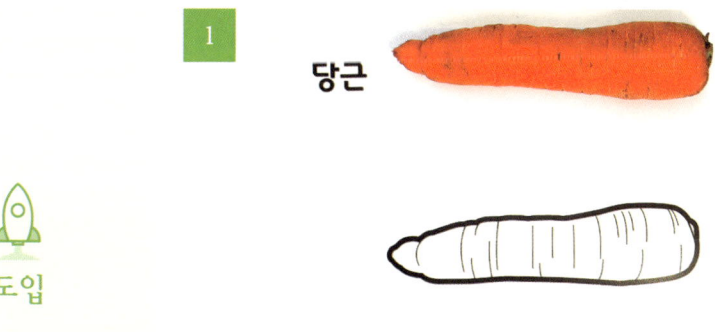

아이에게 실물 채소와 밑그림을 함께 보여주며
"○○(채소 이름)야/이야."라고 한다.
예) "당근이야."

전개

아이에게 채소 그림을 주며 "같이 붙이자."라고 한다.

2 아이가 채소 그림을 스케치북에 붙일 수 있도록 도와준다.

3

3가지 채소 그림 모두 진행한다.

마무리

1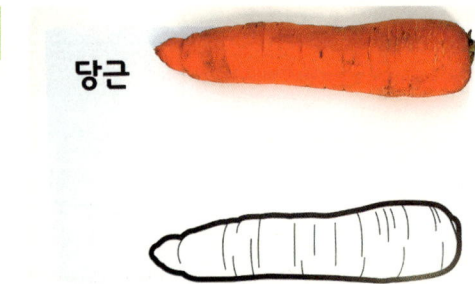

당근

아이가 채소 그림을 붙인 스케치북을 한 장씩 넘겨 보여주며 "이것이 ○○(채소 이름)야/이야."라며 큰 소리로 말해준다.
예) "이것이 당근이야."

TIP

* 부록에 있는 채소 그림을 인쇄해서 사용할 수 있다.
* 채소 그림 대신에 채소랑 색깔이 같은 색종이를 채소 모양으로 오려서 사용해도 된다.
* 아이에게 채소 그림을 붙인 스케치북을 들게 하고 사진을 찍으며 칭찬해준다. 사진을 보여주고, 토큰판에 토큰을 함께 붙인다.
* 놀이 후에 치료자는 행동기록지와 행동그래프를 작성한다.

02

채소가 어디 갔을까?

손수건 밑에 숨겨진 채소 찾기

| 준비물
(1세트) | ① 3가지 채소 1개씩
② 손수건 3개 | 추천
채소 | 브로콜리, 오이, 고구마 |

| 준비 | ① 채소를 씻은 후에는 손수건이 물에 젖지 않도록 물기를 잘 닦아둔다. |

For toddlers with developmental disabilities

도입

1

채소를 아이 앞에서 하나씩 꺼내 보여준다.

2

손수건 3개를 각각 채소 위에 덮는다.

3 아이에게 "○○(채소 이름)이/가 어디 갔을까?"라고 질문한다.
예) "오이가 어디 갔을까? 우리 같이 찾아보자."

전개

1

아이가 세 개의 손수건 중 하나를 골라 뒤집도록 도와주고, 아이가 손수건을 뒤집어 채소가 보이면 "우와, ○○(채소 이름)네/이네."라고 한다.
예) "우와, 오이다!", "와, 오이가 나왔네!"

2 아이가 세 개의 손수건을 모두 뒤집어보도록 도와주고, 손수건 밑에 채소가 나올 때마다 반응한다.
예) "혜미가 오이를 찾았네!"

마무리

1. 아이가 찾은 채소를 하나씩 들어서 보여주면서 "이것은 ○○ (채소 이름)야/이야."라며 채소의 이름을 다시 알려준다.

TIP

* 단체 놀이나 개별 놀이로 진행할 때는 모든 아이가 순서대로 한 번씩 손수건을 뒤집은 후, 두 번 더 순서가 돌아가도록 진행한다.
* 단체 놀이나 개별 놀이로 진행할 때는 아이들이 다른 아이의 수행에 관심을 갖게 돕는다.
* 아이에게 찾아낸 채소를 들게 하고 사진을 찍으며 칭찬해준다.
* 사진을 아이에게 보여주고, 토큰판에 토큰을 함께 붙인다.
* 놀이 후에 행동기록지와 행동그래프를 작성한다.

03

채소를 흔들어요

투명한 통 속에 채소를 넣어 흔들고 굴리기

| 준비물
(1세트) | ① 3가지 채소 1개씩
② 뚜껑달린 길고 투명한 통 1개 | 추천
채소 | 방울토마토, 작은 파프리카, 버섯, 콩 |

| 준비 | ① 통 안에 채소 3가지를 넣고 뚜껑을 닫아둔다. |

Let's Play with Vegetables

도입

어른이 먼저 투명한 통을 흔들거나 굴리면서 노는 시범을 보인다.

통속에 있는 채소를 가리키면서 "○○(채소 이름)랑/이랑, ○○(채소 이름)랑/이랑, ○○(채소 이름)야/이야."라고 채소 이름을 하나씩 말해준다.

예) "방울토마토랑 파프리카랑 버섯이야."

전개

1. 아이에게 채소가 든 통을 건내준다

2. 아이가 채소가 든 통을 흔들고 굴릴 수 있도록 도와준다.

3.

통을 흔들거나 굴릴 때 "○○(채소 이름)이/가 흔들린다!", "여기봐, ○○(채소 이름)이/가 굴러간다!"라고 말하며 아이가 채소를 보도록 한다.

마무리

1

통 속 채소를 하나씩 가리키며 "이것은 ㅇㅇ(채소 이름)야/이야."라고 이름을 한번 더 알려준다.

TIP

* 통에 무늬가 없는 500ml 플라스틱 물통이 적당하다.
* 아이가 통을 흔들거나 굴릴 때 사진을 찍는다. 사진을 보여주고 "ㅇㅇ(채소 이름)랑/이랑 재미있게 놀았구나!"라고 칭찬해준다.
* 아이와 함께 토큰판에 토큰을 붙인다.
* 놀이 후에 행동기록지와 행동그래프를 작성한다.

04

채소를 뜰채로 떠요

뜰채를 이용해 물속에 있는 채소 건지기

준비물 (1세트)	① 3가지 채소 1개씩 ② 넓고 오목한 그릇 1개 ③ 뜰채 1개 ④ 채소를 건져 올린 후 담을 접시 1개	추천 채소	상추, 양상추, 방울토마토

준비	① 그릇에 물을 담아 둔다.

For toddlers with developmental disabilities

도입

1. 3가지 채소를 하나씩 물에 띄운다.

2.

뜰채로 채소를 건지는 시범을 보인다.

3.

건진 채소를 접시에 놓으며 "ㅇㅇ(채소 이름)을/를 건졌다."라고 말한다.

전개

1. 아이에게 "건져보자."라고 말하며 뜰채를 준다.

2. 아이가 채소를 건져 접시에 놓도록 돕는다.

3.

아이가 채소를 건질 때 "와~ ㅇㅇ(채소 이름)을/를 건졌구나!"라고 말한다.

마무리

1

아이가 건진 채소를 하나씩 "이것은 ㅇㅇ(채소 이름)야/이야."라고 이름을 알려준다.

TIP

* 그릇은 뜰채보다 입구가 크고, 물을 충분히 담을 수 있도록 깊이가 있는 그릇이 좋다.
* 가볍고 깨지지 않는 접시를 사용한다.
* 건져 올린 채소를 아이가 직접 사진 찍도록 도와준다. 찍은 사진을 보고 "ㅇㅇ(아이 이름)가/이가 ㅇㅇ(채소 이름)을/를 잘 찍었네."라고 칭찬해준다.
* 아이와 함께 토큰판에 토큰을 붙인다.
* 놀이 후에 행동기록지와 행동그래프를 작성한다.

05

채소에 스티커를 붙여요

채소에 스티커 붙이기

준비물 (1세트)	① 3가지 채소 1개씩 ② 스티커 반짝이 스티커, 캐릭터 스티커 등 다양한 스티커를 활용하면 좋다.	추천 채소	상추, 양상추, 토마토

준비	① 채소의 물기를 닦아 스티커가 잘 붙도록 준비한다. 예) 양상추 같은 잎채소는 종이처럼 넓게 펼쳐둔다.

Let's Play with Vegetables

도입

채소 위에 스티커를 붙이는 시범을 아이들에게 보여준다.

전개

아이들이 3가지 채소 위에 스티커를 붙일 수 있도록 도와준다.

마무리

1

치료자는 아이들이 스티커를 붙인 채소를 하나씩 아이들에게 보여주며 "이것은 ㅇㅇ(채소 이름)야/이야."라며 채소의 이름을 알려준다.

TIP

* 다양한 스티커를 준비하고, 자유롭게 채소에 붙여 꾸미도록 하면 좋다.
* 스티커를 붙인 채소를 건져 아이가 직접 사진 찍도록 도와준다. 찍은 사진을 보고 "ㅇㅇ(아이 이름)가/이가 ㅇㅇ(채소 이름)을/를 예쁘게 꾸몄네!"라고 칭찬해준다.
* 아이와 함께 토큰판에 토큰을 붙인다.
* 놀이 후에 행동기록지와 행동그래프를 작성한다.

06

채소 낚시를 해요

자석을 이용한 낚싯대로 채소 낚시하기

준비물 (1세트)	① 3가지 채소 1개씩 ② 자석 달린 장난감 낚싯대 ③ 원형자석과 자석을 붙일 테이프 ④ 큰 상자 1개 ⑤ 작은 접시 1개	추천 채소	상추, 양상추, 방울토마토

준비	① 자석이 붙어있는 장난감 낚싯대를 준비한다. ② 채소에 원형자석을 붙인다.

도입

1

큰 상자 안에 자석을 붙인 채소를 모두 넣고 아이에게 작은 접시와 낚싯대를 제공한다.

2

채소를 낚는 시범을 보이면서 "ㅇㅇ(채소 이름)을/를 낚았어." 말하고 작은 접시에 낚은 채소를 내려 놓는다.

전개

1 아이들을 도와 낚싯대를 이용하여 채소를 큰 상자에서 작은 접시로 옮긴다.

2

아이들이 채소를 옮길 때마다 "ㅇㅇ(아이 이름)가/이가 ㅇㅇ(채소 이름)을/를 옮겼네."라고 이야기한다.

Let's Play with Vegetables

1

마무리

치료자는 아이들이 옮긴 상자 속 채소를 꺼내며 아이들을 칭찬한다.

TIP

* 단체 놀이나 개별 놀이로 진행할 때는 각 아이별로 3가지 채소를 적어도 한 번이상 건지게 한다. 이를 위하여 채소를 넉넉하게 준비한다.
* 아이가 낚시대로 채소를 들어올린 사진 찍고, 아이에게 사진을 보여주며 "오늘은 ㅇㅇ(아이 이름)가/이가 ㅇㅇ(채소 이름)랑/이랑 ㅇㅇ(채소 이름)랑/이랑 ㅇㅇ(채소 이름)을/를 낚았네!"라고 칭찬해준다.
* 아이와 함께 토큰판에 토큰을 붙인다.
* 놀이 후에 행동기록지와 행동그래프를 작성한다.

07

채소랑 기차놀이를 해요

투명한 통으로 만든 기차에 채소를 태워서 기차놀이하기

준비물 (1세트)	① 3가지 채소 1개씩 ② 털실 ③ 길쭉하고 투명한 뚜껑 달린 통 3개 ④ 글루와 글루건, 또는 접착력이 강한 양면테이프	추천 채소	토마토, 브로콜리, 파프리카

준비
① 글루건을 사용하여 통 3개의 뚜껑과 바닥을 서로 연결해 기차를 만든다
② 아이들이 손으로 잡고 움직이기 편하도록 첫 번째 통(기차)의 뚜껑에 털실로 고리를 만들어 붙인다.
③ 털실로 선로를 만들거나 선로가 그려진 그림을 책상 위에 붙인다.

Let's Play with Vegetables

도입

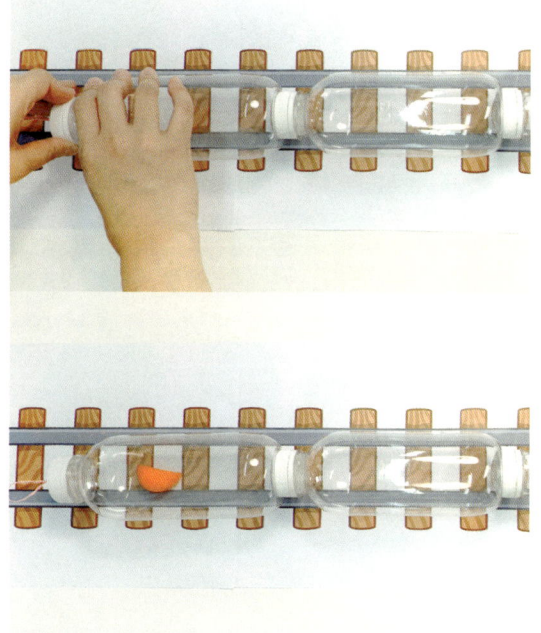

"○○(채소 이름)을/를 기차에 태워보자."라고 하며, 첫 번째 통의 뚜껑을 열어 채소를 하나 넣는다.

전개

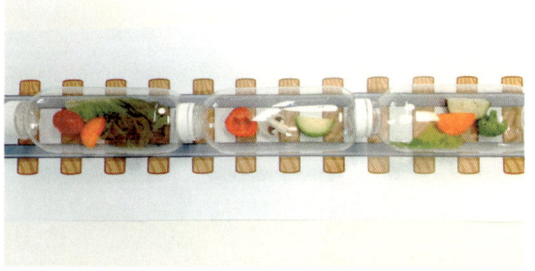

1. 아이들에게 "○○(채소 이름)을/를 기차에 태워보자."라고 하며, 빈 통에 채소를 넣을 수 있도록 도와서 모든 통에 채소를 다 넣는다.

2. "채소기차 칙칙폭폭!"이라고 하며 손잡이 또는 통을 손에 쥐어준다.

3. 아이를 도와 기차를 책상 위에서 움직이게 한다. 또는 바닥에 깔아둔 선로 그림 위로 기차를 움직이도록 한다.

마무리

1

아이들이 기차놀이를 마치고 나면 "채소 기차가 칙칙 폭폭 잘 달리네."라고 이야기하며, 놀이를 잘 한 것에 대해 칭찬한다.

TIP

* 선로그림을 구하기 어렵거나 직접 그리기 어려우면, 남은 털실로 바닥에 선로모양을 만들어도 된다.
* 단체 놀이나 개별 놀이로 진행할 때는 채소를 통에 넣는 작업은 함께 하고, 기차를 선로 위로 움직일 때는 모든 아이들이 순서대로 한 번씩 기차놀이를 할 수 있도록 한다.
* 단체 놀이나 개별 놀이로 진행할 때는 한 아이가 기차놀이를 할 때 다른 아이가 그 아이에게 주목할 수 있도록 도와준다.
* 아이가 채소기차를 들고 있는 모습을 찍고 아이에게 사진을 보여주며 칭찬한다.
* 아이와 함께 토큰판에 토큰을 붙인다.
* 놀이 후에 행동기록지와 행동그래프를 작성한다.

08

내 맘대로 색깔을 바꿔요

셀로판지로 색깔 바꿔보기

준비물 (1세트)	① 3가지 채소 1개씩 ② 3가지 색깔의 셀로판지 　(색깔별로 1장 이상씩)	추천 채소	토마토, 브로콜리, 파프리카

준비	① 책상 위에 채소와 셀로판지를 색깔별로 펼쳐 놓는다.

For toddlers with developmental disabilities

도입

1

"○○(채소 이름)은/는 ○○색(채소 색깔)이야."라고 하며 채소의 원래 색깔을 말한 후, 다른 색의 셀로판지를 채소 위에 덮는다.
예) "당근은 주황색이야."

2

셀로판지로 덮인 채소를 가리키며, "○○(채소 이름)가/이가 ○○색(셀로판지를 덮어 변한 색깔)이 되었네!"라고 말한다.
예) "당근이 초록색이 되었네!"

전개

1 아이에게 "○○(아이 이름)도/이도 색깔을 바꿔볼까?"라고 말한다.

2 첫 번째 채소를 가리키며 "○○(채소 이름)이/가 ○○색(채소 색깔)이네."라고 한다.

3 채소 위에 셀로판지를 덮으며 "○○(채소 이름)이/가 이제 무슨 색이지?"라고 한 후, 아이의 답을 기다린다.

4 "○○색(셀로판지 색, 또는 셀로판지를 덮어 변한 색)이 되었네."라고 답을 말해준다.

5 이어서 두 번째, 세 번째 채소로 동일하게 진행한다.

마무리

 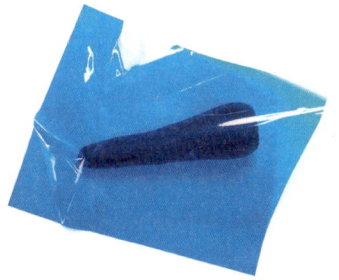

셀로판지를 다시 제자리에 놓고, 각 채소의 원래 색깔을 말해주며 놀이를 마무리한다.

예) "당근이 다시 주황색이 되었네!"

TIP

* 색깔이 선명한 채소들이 놀이하기 좋다.
* 아이가 직접 셀로판지로 덮인 채소 사진을 찍도록 도와주고 찍은 사진을 함께 보며 아이를 칭찬한다.
* 아이와 함께 토큰판에 토큰을 붙인다.
* 놀이 후에 행동기록지와 행동그래프를 작성한다.

2단계 채소놀이

2단계 채소놀이에서 주로 사용되는 감각은 시각과 촉각입니다.
채소를 2~4조각으로 잘라 아이에게 주세요.
이 단계에서 아이들은 채소를 직접 손으로 만지게 됩니다.
아이들이 놀이 시간의 반 이상 채소를 만지도록 도와주세요.

02

09

냠냠 맛있게 먹어요

얼굴 부분의 보드판 입 부분에 채소 넣기

준비물 (1세트)	① 3가지 채소 1개씩 ② 얼굴 모양 보드판 1개 ③ 2L 페트병 1개	추천 채소	토마토, 브로콜리, 오이

준비	① 채소를 큼지막하게 1/2조각으로 잘라 둔다. ② 동물 얼굴 그림이나 아이 사진을 보드판에 붙이고 입 부분에 구멍을 뚫는다. ③ 패트병을 반으로 자르고, 패트병의 윗 부분에 보드판을 붙인다.

Let's Play with Vegetables

도입

"○○(얼굴이나 캐릭터 이름)이/가 ○○(채소 이름)을/를 잘 먹는다."라며 얼굴 보드판 입 부분으로 채소를 넣는다.

아이가 첫 번째 채소 1조각을 집어 각자의 보드판 입 부분에 넣을 수 있도록 돕는다.

전개

채소를 집어넣고 나서 페트병 아래에 떨어지는 모습을 손으로 가리켜 아이가 볼 수 있게 도와준다.

3. 아이가 채소를 입에 집어넣거나 입에 닿게 하면 크게 칭찬하고, "○○(채소 이름) 맛있다, 냠냠냠!"같이, 마치 캐릭터가 맛있게 먹는 것 같은 소리를 낸다.

4. 이어서 3가지 채소 조각들로 같은 방식으로 놀이를 진행한다.

마무리

1

"오늘은 ○○(아이 이름)가/이가 ○○(채소 이름)을/를 쏙! 잘 먹여주었네."라며 아이들을 칭찬한다.

예) "오늘은 주영이가 당근을 강아지 입에 쏙 잘 먹여주었네."

TIP

* 단체 놀이나 개별 놀이로 진행할 때는 모든 아이가 3가지 채소를 적어도 한 번씩은 사용할 수 있도록 넉넉하게 준비한다.
* 채소 크기를 고려하여 얼굴 보드판의 입 부분을 충분히 크게 만든다.
* 보드판으로 아이가 좋아하는 동물이나 사람 얼굴 캐릭터를 인쇄해서 사용할 수 있으며, 부록에 있는 그림을 사용할 수 있다.
* 다음에 같은 놀이를 할 때는 얼굴을 바꿔보면 더 재미있다.
* 채소를 먹은 얼굴 보드판을 들고 있는 사진을 찍고, 사진을 보여주며 아이를 칭찬한다.
* 아이와 함께 토큰판에 토큰을 붙인다.
* 놀이 후에 행동기록지와 행동그래프를 작성한다.

10

채소로 그림을 그려요

밑그림 위에 채소를 올려놓기

| 준비물 (1세트) | ① 3가지 채소 1개씩
② 밑그림 그려진 종이 | 추천 채소 | 애호박, 다양한 색의 파프리카, 콩 |

| 준비 | ① 밑그림을 그리거나 인쇄한다.
② 밑그림 위에 올라갈 수 있는 사이즈로 채소를 조각내둔다. |

For toddlers with developmental disabilities

도입

아이에게 "○○(그림 이름)을/를 만들자."라고 하며, 채소 조각을 그림 위에 올려놓는 시범을 보인다.

전개

준비한 그림 위에 적절하게 다양한 모양으로 자른 큼지막한 채소 조각을 올려놓도록 아이를 돕는다.

마무리

1

아이가 채소를 놓은 그림을 보고 "○○(아이 이름)가/이가 ○○(채소 이름)로/으로 ○○(그림 이름)을/를 만들었네."라고 칭찬한다.

예) "오늘은 혜민이가 파프리카랑 호박으로 꽃을 만들었네!"

TIP

* 채소를 큼지막하게 잘라서 사용할 수 있는 크고 단순한 그림을 밑그림으로 고른다. 부록에 있는 그림을 사용할 수 있다.

  예) 얼굴 표정, 꽃, 나무 그림 등

* 아이가 직접 놀이 후 그림을 스스로 사진 찍도록 도와주고 찍은 사진을 함께 보며 아이를 칭찬한다.
* 아이와 함께 토큰판에 토큰을 붙인다.
* 놀이 후에 행동기록지와 행동그래프를 작성한다.

11

채소를 굴려요

채소를 책상에서 굴리기

준비물 (1세트)	① 3가지 채소 1개씩 ② 채소 그림	추천 채소	오이, 애호박, 가지 * 굴릴 수 있는 긴 원형의 채소
준비	① 채소를 실물크기로 그린다. ② 그린 채소 그림을 책상 끝에 붙여 둔다.		

Let's Play with Vegetables

도입

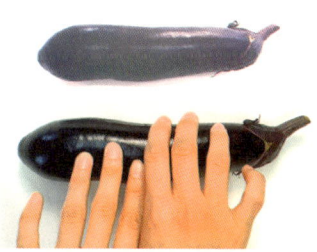

아이에게 "ㅇㅇ(그림 이름)을/를 만들자."라고 하며, 채소 조각을 그림 위에 올려놓는 시범을 보인다.
예) "가지를 만들자."

전개

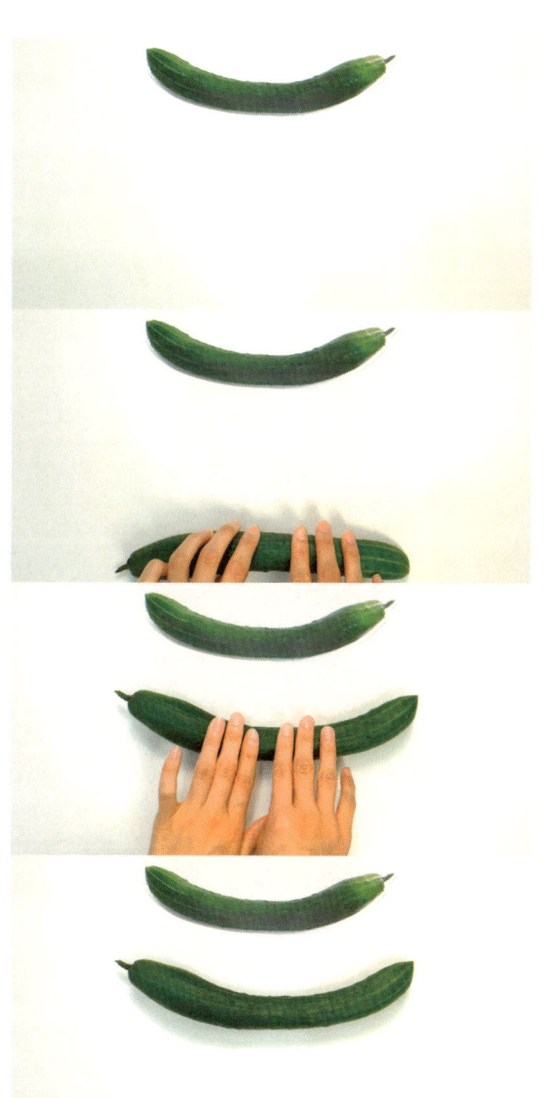

아이가 채소 그림을 목표삼아 채소를 굴릴 수 있도록 도와준다.

Program 11

마무리

1
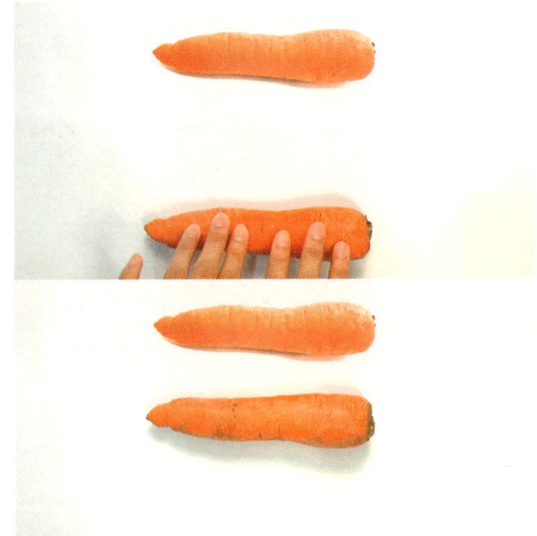

아이가 채소를 굴릴 때마다 "○○(아이 이름)야/이야, ○○(채소 이름)이/가 참 멋있게 굴러 가는구나!"라며 칭찬한다.

TIP

* 부록에 있는 채소 그림을 사용할 수 있다.
* 단체 놀이나 개별 놀이를 할 때는 모든 아이들이 순서대로 3가지의 채소를 굴릴 수 있도록 도와준다.
* 단체 놀이나 개별 놀이를 할 때는 다른 아이가 채소를 굴리는 아이에게 주목할 수 있도록 도와준다.
* 아이가 채소 그림 위에 도착한 채소를 스스로 사진 찍게 돕는다.
* 아이와 함께 토큰판에 토큰을 붙인다.
* 놀이 후에 행동기록지와 행동그래프를 작성한다.

Let's play with vegetable

12

채소퍼즐 맞춰요

잘려진 채소 조각 맞추기

| 준비물
(1세트) | ① 3가지 채소 1개씩 | 추천
채소 | 고구마, 당근, 브로콜리 |

준비 ① 채소를 가로나 세로, 대각선 방향으로 2등분 한다.

Program 12

도입

1

아이에게 같은 단면을 가진 채소 짝을 찾아 붙이는 시범을 보여준다.

전개

1

채소 짝(반으로 잘린 채소 조각 두 개)을 아이 가까이 놓는다.

2

같은 단면을 가진 채소 짝을 모아 아이 앞에 제시하며 "짝 맞춰보자."라고 하며 도와준다.

Let's play with vegetable

| | 1    |

마무리

주 치료자는 아이가 채소를 맞출 때마다 "○○(아이 이름)가/이가 ○○(채소 이름)을/를 잘 만들었구나."라며 칭찬한다.

TIP

* 단체 놀이나 개별 놀이를 할 때는 아이가 1가지 채소 짝을 맞추고 나면 "이제 친구 주자."라고 하며 옆 아이와 채소를 바꾸어 하도록 해서 아이들끼리 상호작용하게 할 수 있다.
* 아이가 짝을 맞추는 장면을 사진찍고 함께 보며 아이를 칭찬한다.
* 아이와 함께 토큰판에 토큰을 붙인다.
* 놀이 후에 행동기록지와 행동그래프를 작성한다.

13

채소를 미끄럼틀 태워요

투명한 통으로 만든 미끄럼틀 속으로 채소 굴리기

| 준비물
(1세트) | ① 3가지 채소 1개씩
② 투명하고 긴 원형 통 | 추천
채소 | 당근, 가지, 애호박 |

| 준비 | ① 채소를 반으로 잘라둔다. |

Let's Play with Vegetables

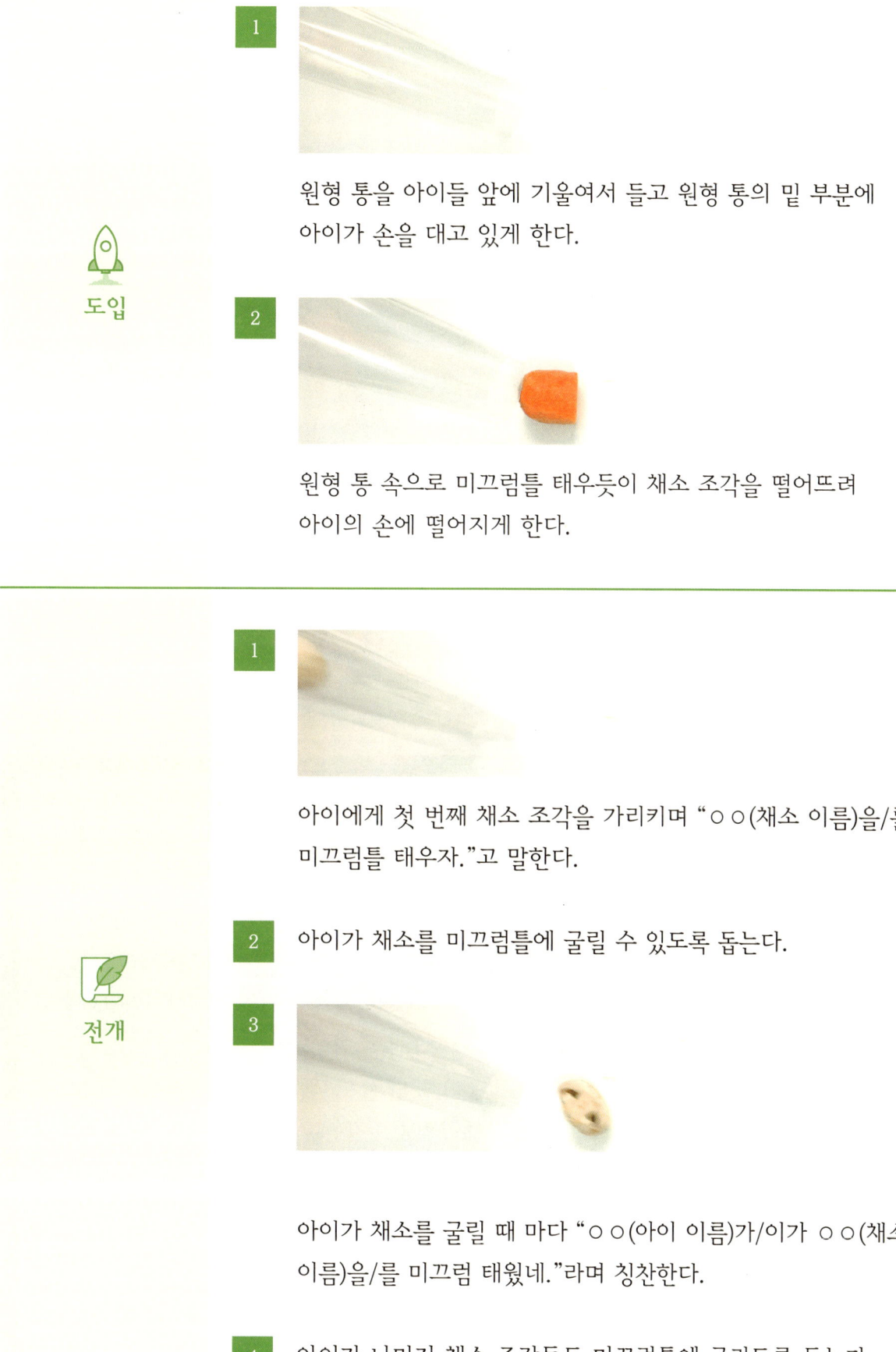

도입

1. 원형 통을 아이들 앞에 기울여서 들고 원형 통의 밑 부분에 아이가 손을 대고 있게 한다.

2. 원형 통 속으로 미끄럼틀 태우듯이 채소 조각을 떨어뜨려 아이의 손에 떨어지게 한다.

전개

1. 아이에게 첫 번째 채소 조각을 가리키며 "○○(채소 이름)을/를 미끄럼틀 태우자."고 말한다.

2. 아이가 채소를 미끄럼틀에 굴릴 수 있도록 돕는다.

3. 아이가 채소를 굴릴 때 마다 "○○(아이 이름)가/이가 ○○(채소 이름)을/를 미끄럼 태웠네."라며 칭찬한다.

4. 아이가 나머지 채소 조각들도 미끄럼틀에 굴리도록 돕는다.

마무리

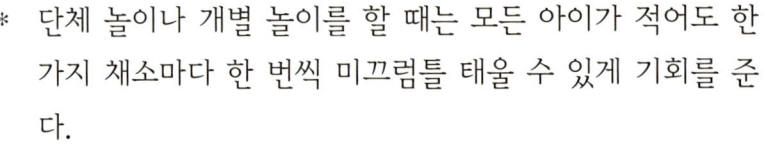

"오늘도 채소랑 재미있게 놀았구나!"라고 아이를 칭찬한다.

TIP

* 단체 놀이나 개별 놀이를 할 때는 모든 아이가 적어도 한 가지 채소마다 한 번씩 미끄럼틀 태울 수 있게 기회를 준다.
* 통에 무늬가 없는 500ml 플라스틱 물통의 위와 아래를 잘라서 준비해도 좋다. 더 재미있게 놀이하고 싶다면 500ml 플라스틱 물통 2개를 이어붙여 긴 미끄럼틀을 만든다.
* 안전을 위하여 통으로 만든 미끄럼틀 위와 아래부분이 날카롭지 않도록 테이프로 마감한다.
* 아이가 직접 셀로판지로 덮인 채소 사진을 찍도록 도와주고 찍은 사진을 함께 보며 아이를 칭찬한다.
* 아이와 함께 토큰판에 토큰을 붙인다.
* 놀이 후에 행동기록지와 행동그래프를 작성한다.

14

채소를 손으로 떠요

물속에 있는 채소를 손으로 건지기

| 준비물
(1세트) | ① 3가지 채소 1개씩
② 넓고 오목한 그릇
③ 접시 | 추천
채소 | 파프리카, 양상추, 브로콜리 |

| 준비 | ① 넓고 오목한 그릇에 물을 담아 준비한다.
② 물에 뜰만한 무게로 채소를 조각내둔다. |

For toddlers with developmental disabilities

도입

채소 조각을 물에 띄운다.

손으로 채소 조각을 건지는 시범을 보인다.

전개

 아이에게 "같이 채소 건지자."라고 하며 지시한다.

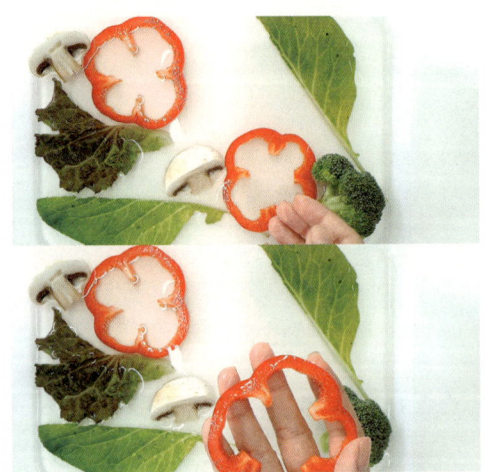

아이가 손으로 채소를 건져 접시로 옮기도록 도와준다.

Let's play with vegetable

마무리

1 "ㅇㅇ(아이 이름)가/이가 채소들을 멋지게 꺼냈구나!"라며 아이를 칭찬한다.

TIP

* 단체 놀이나 개별 놀이를 할 때는 모든 아이가 적어도 한 가지 채소마다 한 번씩 떠낼 수 있게 기회를 준다.
* 아이가 채소를 떠내는 사진을 찍고, 찍은 사진을 함께 보며 아이를 칭찬한다.
* 아이와 함께 토큰판에 토큰을 붙인다.
* 놀이 후에 행동기록지와 행동그래프를 작성한다.

15

채소로 모양을 만들어요

모양 틀을 이용해 채소 찍어 내기

| 준비물
(1세트) | ① 3가지 채소 1개씩
② 접시
③ 다양한 모양 틀 | 추천
채소 | 양상추, 익힌 고구마, 파프리카 |

| 준비 | ① 채소를 평평한 단면이 보이도록 잘라 접시에 담아둔다. |

Let's Play with Vegetables

Program 15

🚀 도입

1

모양 틀 중 하나를 골라 모양을 찍는 시범을 보인다.

전개

1

아이에게 "같이 하자."라고 하며, 채소에 모양 틀을 찍는 것을 도와준다.

마무리

1

아이가 채소를 모양 틀로 찍어 낼 때마다 "ㅇㅇ(아이 이름)가/이가 ㅇㅇ(채소 이름)에 멋진 ㅇㅇ(모양 이름) 모양을 찍었네!"라며 칭찬한다.

TIP

* 모양을 찍어낼 수 있도록 무른 채소를 준비하거나 채소를 익힌다.
* 모양을 도려내기 어려우면 채소 단면에 도장처럼 모양을 찍어보기만 해도 좋다.
* 채소를 익혔을 경우 안전을 위하여 뜨겁지 않도록 충분히 식혀서 사용한다.
* 아이가 모양을 찍은 채소 사진을 직접 찍도록 도와주고 찍은 사진을 함께 보며 아이를 칭찬한다.
* 아이와 함께 토큰판에 토큰을 붙인다.
* 놀이 후에 행동기록지와 행동그래프를 작성한다.

16

채소목걸이를 만들어요

구멍 뚫린 채소를 꿰어 목걸이 만들기

| 준비물 (1세트) | ① 3가지 채소 1개씩
② 털실 또는 놀이공작용 철사
③ 채소에 구멍 뚫을 도구 (드라이버) | 추천 채소 | 당근, 익힌 감자, 호박 |

준비
① 채소를 큼직한 조각으로 잘라 가운데에 구멍을 뚫어 놓는다.
② 털실 또는 놀이공작용 철사를 적당한 길이로 잘라 놓는다.

For toddlers with developmental disabilities

도입

채소 하나를 털실(만들기용 철사)에 꿰는 시범을 보인다.

전개

아이에게 "같이 만들자."라고 하며 아이가 채소를 털실에 꿰도록 도와준다.

1

마무리

아이가 채소를 꿸 때마다 "○○(아이 이름)가/이가 멋진 목걸이를 만들고 있네!"라며 칭찬한다.

TIP

* 철사를 사용할 경우 안전을 위해 털실로 감싸져 있는 놀이 공작용 철사를 사용하고 놀이 시작 전에 끝부분을 구부려 놓는다.
* 채소를 익혔을 경우 안전을 위하여 뜨겁지 않도록 충분히 식혀서 사용한다.
* 아이가 목걸이를 걸은 모습을 사진으로 찍고 사진을 함께 보며 아이를 칭찬한다.
* 아이와 함께 토큰판에 토큰을 붙인다.
* 놀이 후에 행동기록지와 행동그래프를 작성한다.

For toddlers with developmental disabilities

3단계 채소놀이

3단계 채소놀이에서 주로 사용되는 감각은 시각, 촉각, 후각입니다.
아이들이 채소의 질감을 충분히 느낄 수 있도록, 놀이마다 가로 5cm, 세로 5cm, 높이 5cm 이하로 자른 채소 조각들을 15개 이상 사용하도록 합니다.
전체 놀이 중 대부분의 시간동안 아이들이 채소를 직접 손으로 만질 수 있도록 지도합니다.

03

17

알록달록 물감놀이를 해요

채소 도장으로 종이에 모양 찍기

준비물 (1세트)	① 3가지 채소 조각들 ② 4가지 색깔 물감 ③ 스펀지 4개 ④ 4절 스케치북 종이 1장 ⑤ 접시 4개	추천 채소	고구마, 가지, 당근

준비	① 채소를 다양한 모양으로 작게 잘라둔다. ② 접시에 물감을 풀고 스펀지를 담궈둔다.

Let's Play with Vegetables

도입

한 개의 채소 조각을 물감이 적셔진 스펀지에 찍어 도장처럼 종이에 찍는 시범을 보여준다.

전개

아이가 채소 조각을 모두 활용하여 종이에 모양을 찍을 수 있도록 한다.

마무리

1

아이가 모양을 찍어 낼 때마다 "ㅇㅇ(아이 이름)가/이가 예쁘게 찍어줬구나!"라며 칭찬한다.

TIP

* 옷이 물들지 않도록 앞치마를 사용해도 좋다.
* 물감을 인주처럼 활용할 수 있도록 물감에 물을 너무 많이 섞지 않도록 주의한다.
* 아이에게 모양을 찍은 종이를 들게 하고 사진을 찍고, 찍은 사진을 함께 보며 아이를 칭찬한다.
* 아이와 함께 토큰판에 토큰을 붙인다.
* 놀이 후에 행동기록지와 행동그래프를 작성한다.

18

채소로 모자이크놀이를 해요

밑그림 위에 채소를 붙여 그림을 완성하기

준비물 (1세트)	① 3가지 채소 조각들 ② 밑그림이 그려진 종이 ③ 풀 또는 양면테이프	**추천 채소**	상추, 오이, 파프리카

준비
① 밑그림을 그리거나 인쇄한다.
② 밑그림 위에 올라갈 수 있는 사이즈로 채소를 조각내고 밑그림 위에 약간의 풀칠, 또는 양면테이프를 붙여 둔다.

For toddlers with developmental disabilities

Program 18

도입

주 치료자는 준비한 그림 위에 다양한 모양으로 자른 작은 채소 조각을 밑그림 위에 올려놓는 시범을 보인다.

전개

아이에게 "○○(그림 이름)을/를 만들자."라고 하며, 채소 조각을 그림 위에 붙이는 시범을 보인다.

예) "돼지를 만들자."

Let's Play with Vegetables

마무리

1

아이가 채소를 놓은 그림을 보고 "○○(아이 이름)가/이가 ○○(채소 이름)로/으로 ○○(그림 이름)을/를 만들었네."라고 칭찬한다.

TIP

* 2단계에 소개된 '채소로 그림을 그려요' 놀이보다 작고 복잡한 그림을 준비한다.
  예) 풍경, 돼지나 토끼 등의 동물 그림
* 놀이를 마친 후에 아이가 그림을 직접 사진 찍도록 도와주고 찍은 사진을 함께 보며 아이를 칭찬한다.
* 아이와 함께 토큰판에 토큰을 붙인다.
* 놀이 후에 행동기록지와 행동그래프를 작성한다.

For toddlers with developmental disabilities

채소랑 트럭놀이를 해요

채소 조각을 장난감 트럭에 담아 옮기기

준비물 (1세트)	① 3가지 채소 조각들 ② 큰 접시 2개 ③ 장난감 트럭	추천 채소	오이, 가지, 파프리카

준비
① 잘게 자른 채소 조각들을 큰 접시에 가득 담아둔다.
② 장난감 트럭을 사이에 두고 조금 거리가 있는 곳에 빈 접시를 놓아둔다.

Let's Play with Vegetables

도입

1. 채소를 손으로 퍼 트럭에 담은 후 접시로 옮기는 시범을 보인다.

2. 아이에게 "같이 채소를 트럭에 담자."라고 한다.

전개

1. 아이가 손으로 채소를 트럭에 퍼 담도록 도와준다.

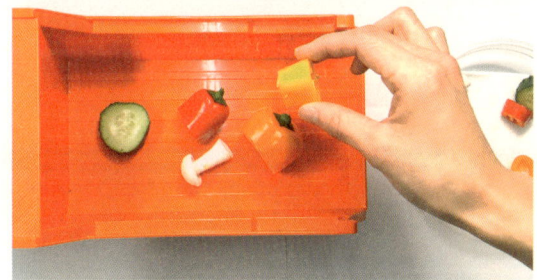

2. 아이가 채소를 손으로 퍼 트럭에 담을 때 "ㅇㅇ(아이 이름)가/이가 채소를 트럭에 실었네!"라며 칭찬한다.

3. 아이와 함께 트럭을 굴려서 빈 접시로 이동시킨다.

4. 아이가 채소를 손으로 트럭에서 빈 접시로 다시 옮겨 놓도록 도와준다.

Program 19

마무리

1

아이가 채소를 다 옮기면 "다 옮겼다!"라고 칭찬한다.

TIP

* 아이가 좋아한다면 모래놀이하듯이 두 손을 모아 채소를 가득 퍼 담게 하여 최대한 채소를 많이 만지게 한다.
* 옷이 물들지 않도록 앞치마를 사용해도 좋다.
* 옮겨진 채소와 아이의 사진을 찍고 찍은 사진을 함께 보며 아이를 칭찬한다.
* 아이와 함께 토큰판에 토큰을 붙인다.
* 놀이 후에 행동기록지와 행동그래프를 작성한다.

Let's Play with Vegetables

20

채소로 탑을 쌓아요

채소 조각으로 탑 쌓아 올리기

| 준비물 (1세트) | ① 3가지 채소 조각들 | 추천 채소 | 오이, 가지, 파프리카 |

| 준비 | ① 채소를 쌓기 놀이가 가능하도록 위 아래 단면이 평평하게 썰어둔다. |

도입

채소 3조각을 쌓는 시범을 보여준다.

전개

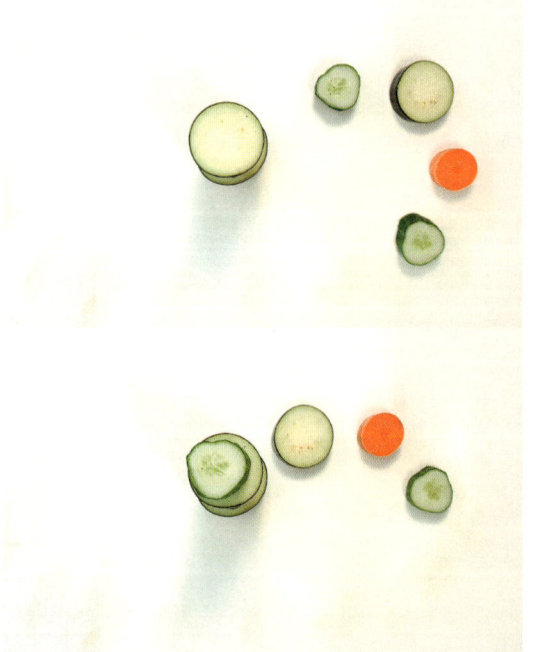

1 아이에게 "채소 탑을 쌓자."라고 하며 여러 가지 채소를 사용해서 탑을 쌓도록 도와준다.

2 아이들이 채소로 탑을 쌓아갈 때마다 칭찬한다.

Let's Play with Vegetables

1

마무리

탑을 다 쌓고나면 "높게 쌓았구나!", "채소탑이 생겼네!"라고 칭찬한다.

TIP

* 탑을 쌓은 후 무너뜨리는 게임도 추가로 진행할 수 있다.
* 아이와 채소로 쌓은 탑을 사진으로 찍고 사진을 함께보며 아이를 칭찬한다.
* 아이와 함께 토큰판에 토큰을 붙인다.
* 놀이 후에 행동기록지와 행동그래프를 작성한다.

21

나만의 채소나무를 만들어요

채소를 이용해 나무그림 그리기

준비물 (1세트)	① 3가지 채소 조각들 ② 나무가 그려진 종이 ③ 풀 또는 양면테이프	추천 채소	① 녹색 잎채소 (브로콜리, 상추, 애호박) ② 방울토마토, 파프리카 등 다양한 색의 채소

준비	① 채소를 작고 다양한 모양으로 자른다. ② 나무가 그려진 종이를 준비하고 나무 부분 위에 채소를 붙일 수 있도록 풀 또는 양면테이프를 발라 둔다.

Let's Play with Vegetables

도입

나무 그림 위에 채소 한 조각을 올려놓으며 "나무를 만들거야." 라고 한다.

전개

아이에게 "나무에 잎을 달자."라고 하며 녹색 잎채소를 손에 쥐여주고 잎을 붙일 수 있도록 도와준다.

"나무에 열매를 달자."라고 하며 아이가 다른 색의 채소 조각으로 나무 열매를 만들 수 있도록 도와준다.

마무리

1

다 만들어진 나무를 보고 "ㅇㅇ(아이 이름)가/이가 멋진 채소나무를 완성했네."라며 칭찬한다.

TIP

* 아이가 만든 나무 사진을 직접 찍도록 도와주고 찍은 사진을 함께 보며 아이를 칭찬한다.
* 아이와 함께 토큰판에 토큰을 붙인다.
* 놀이 후에 행동기록지와 행동그래프를 작성한다.

22

채소반지를 만들어요

채소반지 끼우고 놀기

| 준비물
(1세트) | ① 3가지 채소 조각
② 채소에 구멍 뚫을 도구
(드라이버) | 추천
채소 | 토마토, 오이, 당근 |

| 준비 | ① 채소를 얇게 썰고 손가락이 들어갈 정도의 크기로 구멍을 뚫어 둔다.
여러 개 준비한다. |

For toddlers with developmental disabilities

도입

손가락에 채소 반지를 끼워 시범을 보인다.

전개

1. 아이가 "채소반지 끼우자."라고 한다.
2. 아이가 채소반지를 끼우도록 도와준다.
3.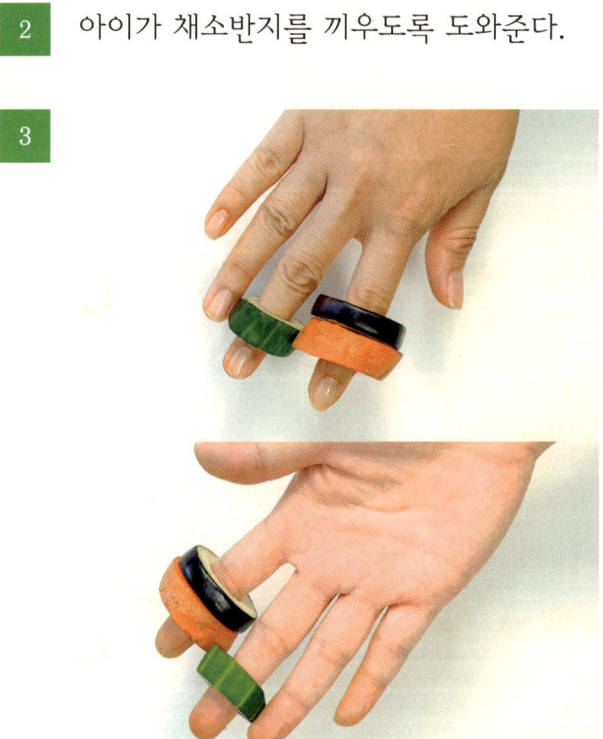

3가지 채소 모두 사용하여 반지를 끼우도록 도와준다.

마무리

1

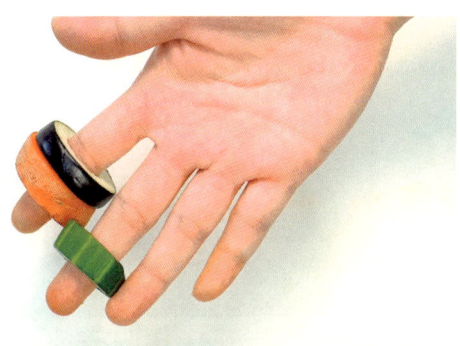

아이가 반지를 끼운 것을 보고 "○○(아이 이름)이/가 예쁘게 반지를 끼었구나!"라고 칭찬한다.

TIP

* 아이가 반지를 끼운 모습을 사진 찍고, 찍은사진을 함께 보며 아이를 칭찬한다.
* 아이와 함께 토큰판에 토큰을 붙인다.
* 놀이 후에 행동기록지와 행동그래프를 작성한다.

23

채소 으깨요

채소를 손으로 으깨면서 감촉 느끼기

| 준비물
(1세트) | ① 3가지 채소 조각
② 그릇 | 추천
채소 | 토마토, 익힌 고구마,
익힌 가지 |

준비 ① 무른 채소나 익힌 채소들을 작게 잘라 그릇에 담는다.

도입

채소 조각 하나를 으깨는 시범을 보인다.

전개

아이에게 "채소를 으깨자."라고 하며 함께 손바닥으로 채소를 으깬다.

2. 채소를 한 가지씩 순서대로 제공한다.

아이가 채소를 으깰 때 "ㅇㅇ(채소 이름)은/는 어떤 느낌일까?"라고 물어보고, 서로 다른 채소가 주는 다른 촉각을 느낄 수 있도록 도와준다.

아이가 채소를 으깰 때마다 "ㅇㅇ(아이 이름)야/이야 참 잘 한다."라고 칭찬한다.

마무리

1

"우와~ 오늘도 참 잘 놀았다!"라고 아이를 칭찬한다.

TIP
- 옷이 물들지 않도록 앞치마를 사용해도 좋다.
- 채소를 익혔을 경우 안전을 위하여 뜨겁지 않도록 충분히 식혀서 사용한다.
- 아이와 채소 사진을 찍고 사진을 함께 보며 아이를 칭찬한다.
- 아이와 함께 토큰판에 토큰을 붙인다.
- 놀이 후에 행동기록지와 행동그래프를 작성한다.

24

손바닥을 찍어요

갈은 채소를 손에 묻혀 종이에 찍기

| 준비물
(1세트) | ① 3가지 채소 조각
② 그릇 3개
③ 4절 스케치북 종이 1장
④ 믹서기
　(채소를 갈 때 사용한다) | 추천
채소 | 고구마, 감자, 가지 |

| 준비 | ① 3가지 채소를 걸죽하게 갈아서 각각 그릇에 담아 준비해둔다. |

For toddlers with developmental disabilities

도입

채소에 손바닥을 묻히고 손바닥을 종이에 찍어 시범을 보인다.

전개

1. 아이에게 "손바닥 찍어보자."라고 지시한다.

2. 아이가 손바닥 전체를 채소를 묻혀 종이에 찍을 수 있도록 도와준다.

아이가 3가지 채소 순서대로 모두 손바닥 찍기 놀이를 하도록 도와준다.

4. 아이가 손바닥을 찍을 때마다 "ㅇㅇ(아이 이름)의/이의 손이 참 예쁘구나!"라고 칭찬한다.

마무리

1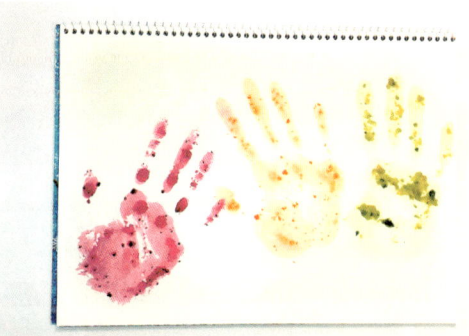

놀이 후 "알록달록 참 예쁜 그림이 되었구나!"라고 아이를 칭찬한다.

TIP

* 옷이 물들지 않도록 앞치마를 사용해도 좋다.
* 아이와 아이가 손바닥을 찍어낸 종이를 사진 찍고 사진을 함께 보면서 아이를 칭찬한다.
* 아이와 함께 토큰판에 토큰을 붙인다.
* 놀이 후에 행동기록지와 행동그래프를 작성한다.

채소랑 놀자 프로그램에 대한 추가정보를 보시려면

1. 스마트폰에 QR코드 리더를 설치하세요.
2. 리더를 실행하고 이 QR코드를 스캔하세요.
3. 팝업되는 링크에 방문하세요.

APPENDIX

부록1

행동기록지와 행동그래프

행동 기록하기(예시)   행동 기록 기준 정하기

행동기록지

점수	적극적으로 참여하기	떼쓰기
1	채소에 주의를 전혀 기울이지 않고 다른 행동을 함.	놀이를 하는 중 부모님의 지시에 순응하고 떼쓰지 않음.
2	부모님 말에 귀 기울이지 않고 있으나 채소에 주의를 기울임.	놀이 중간 중간 칭얼대는 행동을 보이나 전반적으로 지시에 순응함.
3	중간 중간 다른 행동을 하려고 하지만 전반적으로 부모님 말을 따름.	약한 수준의 떼쓰기를 보임. 부모님이 제지하여 놀이 진행할 수 있는 수준
4	부모님 말을 따라 놀이에 참여하지만 흥미를 보이지는 않음.	놀이의 대부분에 걸쳐 떼쓰기를 보임. 중간 중간 놀이에 참여는 하는 수준
5	흥미를 가지고 놀이에 적극적으로 참여	매우 심한 떼쓰기. 놀이 진행이 거의 불가능한 수준

행동기록지

요일	월	화	수	목	금	토	일
날짜	01.21	01.22	01.23	01.24	01.25	01.26	01.27
적극적으로 참여하기	1	5	5	2	4	5	5
떼쓰기	3	1	1	4	2	1	1

부록 2 채소놀이 달력에 예시와 같이 행동을 기록하세요.

행동 기록하기(기록)

행동기록지

점수		
1		
2		
3		
4		
5		

필요한 만큼 복사해서 사용하세요.

행동 기록하기(예시)

행동그래프

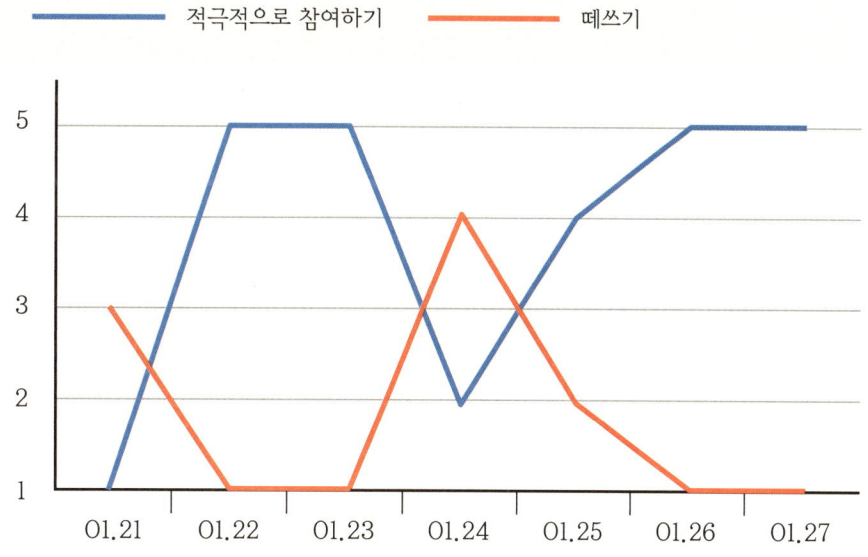

토큰판 사용법

- 아이가 좋아하는 캐릭터로 토큰을 만들어주세요.

- 정해진 개수를 모두 모을 때마다 상을 주세요. 상은 아이가 좋아하는 간식, 좋아하는 놀이 해주기, 작은 선물 등이 될 수 있습니다.

행동 기록하기(기록)

행동그래프

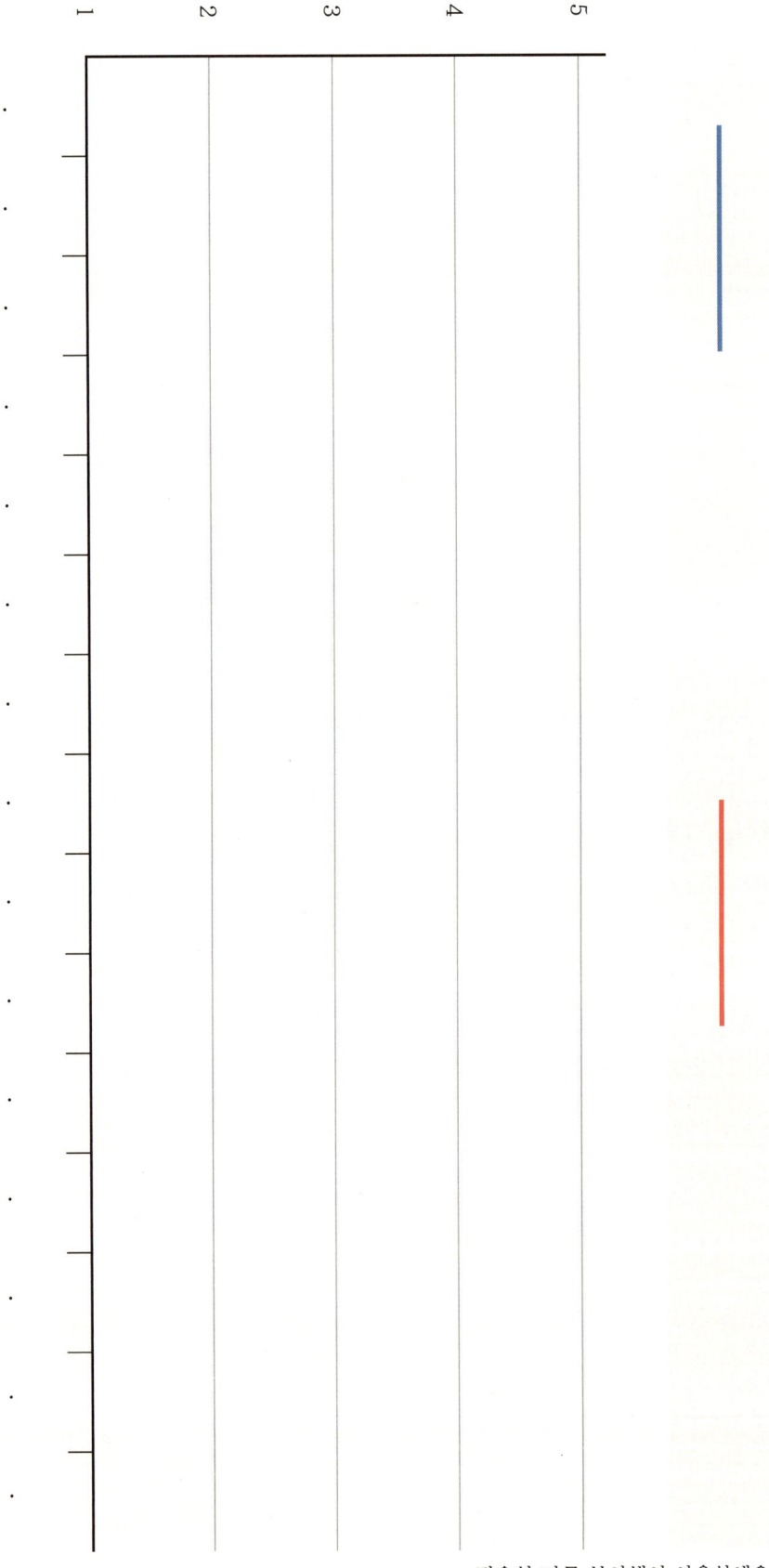

필요한 만큼 복사해서 사용하세요.

채소놀이 달력

부록2

필요한 만큼 복사해서 사용하세요.

두 개의 도형에 떼쓰기와 적극적으로 참여하기 같은 행동 점수를 기록하세요.

104 Appendix

토큰판

필요한 만큼 복사해서 사용하세요.

Let's Play with Vegetables

부록4

일일 섭취기록지

일일 섭취기록지
(예시)

날짜	2019년 1월 21일 월요일

오늘 하루 동안 섭취한 음식을 기입해주세요.

| 식사 | 식사 시간 | 기간 | 식사 장소 | 음식명 (조리명) | 재료명 | 재료무게 ||| 외식 여부 | 수행 |
						눈대중 분량	그램(g)	개수		
아침	8:30	30분	식탁	쌀밥	쌀	1공기	150g		X	3
				미역국	미역, 소고기	1대접	50g			
				애호박나물	애호박, 양파	1소대접	10g			
				메추리알	메추리알			3개		
				감자볶음	감자, 양파	1소대접				
				김	김			4장		

수행 점수	설명
1점	거부하여 먹이기 어려움, 또는 억지로 먹임
2점	다소 거부했으나 부모의 설득, 지시 등을 통해 먹음
3점	보통 크게 싫어하거나 좋아하지는 않으나 정해진 양을 무난히 먹음
4점	좋아하며 잘 받아먹거나 스스로 먹음
5점	매우 좋아하며 적극적으로 먹거나 더 달라고 요구

· 프로그램 전후로 3일씩 작성하고, 전문가의 도움을 받아 영양분석을 실시해보세요. 영양상태 개선 여부를 구체적으로 확인하실 수 있습니다.

- 영양분석 실시가 어려운 경우에도 구체적으로 식사 일지를 적음으로써 아이의 채소 섭취가 증가하였는지 객관적으로 살펴보는 데에 도움이 됩니다.

일일 섭취기록지 (기록)

날짜	년 월 일 요일

오늘 하루 동안 섭취한 음식을 기입해주세요.

식사	식사 시간	기간	식사 장소	음식명 (조리명)	재료명	재료무게			외식 여부	수행
						눈대중 분량	그램(g)	개수		
간식										
아침										
간식										
점심										
간식										
저녁										
간식										

필요한 만큼 복사해서 사용하세요.

부록5

섭취행동 설문검사와 해석

다음과 같은 아이의 행동이 얼마나 자주 나타납니까?

No.	질문	전혀	가끔	종종	자주	항상
1	내 아이는 음식을 좋아한다.	1	2	3	4	5
2	내 아이는 걱정이 있을 때 더 많이 먹는다.	1	2	3	4	5
3	내 아이는 식욕이 왕성하다.	1	2	3	4	5
4*	내 아이는 매우 빨리 먹는 편이다.	1	2	3	4	5
5	내 아이는 음식에 흥미가 있다.	1	2	3	4	5
6	내 아이는 항상 마실 것을 달라고 한다.	1	2	3	4	5
7	내 아이는 처음에는 새로운 음식을 거부한다.	1	2	3	4	5
8	내 아이는 천천히 먹는다.	1	2	3	4	5
9	내 아이는 화가 날 때 더 적게 먹는다.	1	2	3	4	5
10*	내 아이는 새로운 음식을 맛보는 것을 즐긴다.	1	2	3	4	5
11	내 아이는 피곤할 때 더 적게 먹는다.	1	2	3	4	5
12	내 아이는 항상 음식을 달라고 한다.	1	2	3	4	5
13	내 아이는 짜증날 때 더 많이 먹는다.	1	2	3	4	5
14	그냥 두면, 내 아이는 너무 많이 먹을 것이다.	1	2	3	4	5
15	내 아이는 불안할 때 더 많이 먹는다.	1	2	3	4	5
16*	내 아이는 다양한 음식을 즐긴다.	1	2	3	4	5
17	내 아이는 식사 때 음식을 남긴다.	1	2	3	4	5
18	내 아이는 식사를 마치는 데 30분 이상 걸린다.	1	2	3	4	5

다음 페이지에 계속됩니다.

19	그냥 두면, 내 아이는 하루 종일 먹을 것이다.	1	2	3	4	5
20	내 아이는 식사 시간을 기대한다.	1	2	3	4	5
21	내 아이는 식사를 마치기 전에 배불러 한다.	1	2	3	4	5
22	내 아이는 먹는 것을 즐긴다.	1	2	3	4	5
23	내 아이는 행복할 때 더 많이 먹는다.	1	2	3	4	5
24	내 아이는 현재의 식사에 만족하지 못한다.	1	2	3	4	5
25	내 아이는 기분이 나쁠 때 더 적게 먹는다.	1	2	3	4	5
26	내 아이는 쉽게 배불러 한다.	1	2	3	4	5
27	내 아이는 달리 할 일이 없을 때 더 많이 먹는다.	1	2	3	4	5
28	내 아이는 배가 불러도, 좋아하는 음식은 먹으려고 한다.	1	2	3	4	5
29	마실 것이 허용되면, 내 아이는 하루 종일 계속해서 마실 것이다.	1	2	3	4	5
30	내 아이는 식사 직전에 간식을 먹으면 식사를 할 수 없다.	1	2	3	4	5
31	내마실 것이 허용되면, 내 아이는 항상 그것을 마실 것이다.	1	2	3	4	5
32*	내 아이는 새로운 음식을 맛보는 데 흥미를 느낀다.	1	2	3	4	5
33	내 아이는 음식을 맛보려 하지 않고 음식을 싫어한다.	1	2	3	4	5
34	그냥 두면, 내 아이는 항상 음식을 먹을 것이다.	1	2	3	4	5
35	내 아이는 식사 시간 동안 먹는 속도가 점점 느려진다.	1	2	3	4	5

필요한 만큼 복사해서 사용하세요.

이 설문 검사는 2001년에 Wardle J, Guthrie CA, Sanderson S와 Rapoport L.이 개발한 'Children's Eating Behaviour Questionnaire(CEBQ)[10]'을 2012년에 주정현과 정경미가 한국어로 번안 및 표준화한 '아동 섭취행동 질문지[11]' 입니다.

CEBQ 해석

하위 영역	문항	점수
포만감에 대한 반응	3번 + 17번 + 21번 + 26번 + 30번	=( )÷5=( )점

다음 페이지에 계속됩니다.

까다로움	7번 + 10번* + 16번* + 24번 + 32번* + 33번	=( )÷6=( )점
감정적 소식	9번 + 11번 + 23번 + 25번	=( )÷4=( )점
느린 식사속도	4번* + 8번 + 18번 + 35번	=( )÷4=( )점
음식 즐기기	1번 + 5번 + 20번 + 22번	=( )÷4=( )점
음식에 대한 반응	12번 + 14번 + 19번 + 28번 + 34번	=( )÷5=( )점
감정적 과식	2번 + 13번 + 15번 + 27번	=( )÷4=( )점
음료 욕구	6번 + 29번 + 31번	=( )÷3=( )점

* 4번, 10번, 16번, 32번 문항은 5점에 체크했을 경우 1점, 4점에 체크했을 경우 2점, 3점에 체크했을 경우 3점, 2점에 체크했을 경우 4점, 1점에 체크했을 경우 5점으로 바꾸어서 계산에 반영해주세요.

하위 영역	유아 (만 2-3세)		미취학 아동 (만 4-6세)		취학 아동 (만 7-9세)	
	평균	컷오프	평균	컷오프	평균	컷오프
포만감에 대한 반응	2.77	4.18	2.57	3.97	2.88	4.47
까다로움	2.46	3.68	2.12	3.32	2.36	3.49
감정적 소식	2.90	4.39	2.92	4.38	3.77	5.27
느린 식사속도	1.75	2.97	1.53	2.46	1.61	2.75
음식 즐기기	1.30	2.13	1.29	2.13	1.22	1.93
음식에 대한 반응	2.57	4.18	2.48	3.92	2.15	3.50
감정적 과식	3.18	4.67	3.15	4.65	2.64	4.11
음료 욕구	2.58	4.23	2.27	3.83	2.30	3.62

하위 영역	기준	결과	설명
포만감에 대한 반응	컷오프 미만	[양호]	음식을 찾고 즐기는 정도가 또래와 같은 수준입니다.
	컷오프 이상	[주의]	또래에 비해 먹을 것을 과하게 즐기는 편입니다.
까다로움	컷오프 미만	[양호]	새로운 음식에 흥미를 보이고 다양하게 먹는 편입니다.
	컷오프 이상	[주의]	또래보다 더 많이 편식 및 새로운 음식에 대한 거부 행동을 보이고 있습니다.
감정적 소식	컷오프 미만	[양호]	분노나 피곤으로 인한 정서적 어려운 상태에서도 식사량이 줄어들지 않습니다.
	컷오프 이상	[주의]	분노나 피곤과 같은 정서적인 어려움이 있을 때, 식사량이 크게 줄어듭니다.
느린 식사속도	컷오프 미만	[양호]	부모님은 자녀의 식사 속도에 큰 문제가 없다고 느끼고 있습니다.
	컷오프 이상	[주의]	또래에 비하여 식사 속도가 느려 식사를 마치는데 어려움을 겪고 있는 것으로 파악됩니다.
음식 즐기기	컷오프 미만	[양호]	음식을 찾고 즐기는 정도가 또래와 같은 수준입니다.
	컷오프 이상	[주의]	또래에 비해 먹을 것을 과하게 즐기는 편입니다.
음식에 대한 반응	컷오프 미만	[양호]	음식에 대하여 과도한 욕구를 보이지 않습니다.
	컷오프 이상	[주의]	자녀가 식탐을 보여 부모가 음식을 먹지 못하게 하려고 노력을 기울여야 하는 경우가 많습니다.
감정적 과식	컷오프 미만	[양호]	짜증이나 불안 등 정서 상태가 섭취량에 영향을 끼치지 않습니다.
	컷오프 이상	[주의]	짜증이나 불안과 같은 부정적 감정을 느낄 때 과식하고 있습니다.

다음 페이지에 계속됩니다.

음료 욕구	컷오프 미만	[양호]	음료를 원하는 정도가 또래와 유사합니다.
	컷오프 이상	[주의]	또래보다 마실 것을 자주 찾고, 습관적으로 마시고 있습니다.

- **음식 즐기기, 감정적 과식, 음식에 대한 반응에서 [주의] 평가를 받은 경우에는** 아동이 과체중 문제를 겪을 수 있습니다. 식사를 규칙적으로 하게 도와주세요. 간식거리들을 많이 보이게 하지 마시고, 간식을 줄 때는 자녀의 그릇에 덜어 담는 습관을 만들어 양이 얼마나 되는지 가늠할 수 있도록 해주세요.

- **포만감에 대한 반응, 까다로움, 감정적 소식, 느린 식사속도에 대한 반응에서 [주의] 평가를 받은 경우에는** 아동이 저체중 문제를 겪을 수 있습니다. 채소놀이를 활용하여 자녀가 다양한 맛, 식감, 향을 즐길 수 있도록 해주세요.

| 112 | Appendix |

> 부록6

인쇄해서 사용하는 놀이 도구

B4 사이즈로 확대 복사 : 122% / 8절 스케치북 사이즈로 확대 복사: 184% / 4절 스케치북 사이즈로 확대 복사: 129%

필요한 만큼 복사해서 사용하세요. 절취선을 따라 자르면 복사하기 편리합니다.

Let's Play with Vegetables

필요한 만큼 복사해서 사용하세요. 절취선을 따라 자르면 복사하기 편리합니다.

Appendix

필요한 만큼 복사해서 사용하세요. 절취선을 따라 자르면 복사하기 편리합니다.

Let's Play with Vegetables

Appendix | 115

필요한 만큼 복사해서 사용하세요. 절취선을 따라 자르면 복사하기 편리합니다.

For toddlers with developmental disabilities

116 Appendix

필요한 만큼 복사해서 사용하세요. 절취선을 따라 자르면 복사하기 편리합니다.

Let's Play with Vegetables

필요한 만큼 복사해서 사용하세요. 절취선을 따라 자르면 복사하기 편리합니다.

필요한 만큼 복사해서 사용하세요. 절취선을 따라 자르면 복사하기 편리합니다.

참고문헌

1) Kodak, T., & Piazza, C. C. (2008). Assessment and behavioral treatment of feeding and sleeping disorders in children with autism spectrum disorders. *Child and Adolescent Psychiatric Clinics of North America*, *17*(4), 887-905.

2) Schreck, K., Williams, K., & Smith, F. (2004). A comparison of eating behaviors between children with and without autism. *Journal of Autism and Developmental Disorders*, *34*(4), 433-438.

3) Kerwin, M. E. (1999). Empirically supported treatments in pediatric psychology: recurrent abdominal pain. *Journal of Pediatric Psychology*, *24*(2), 115-127.

4) Ledford, J. R., & Gast, D. L. (2006). Feeding problems in children with autism spectrum disorders: A review. *Focus on Autism and Other Developmental Disabilities*, *21*(3), 153-166.

5) Carruth, B. R., & Skinner, J. D. (2000). Revisiting the picky eater phenomenon: Neophobic behaviors of young children. Journal of the American College of Nutrition, 19(6), 771-780.

6) de Droog, S. M., Buijzen, M., & Valkenburg, P. M. (2014). Enhancing children's vegetable consumption using vegetable-promoting picture books. The impact of interactive shared reading and character-product congruence. Appetite, 73, 73-80.

7) Heath, P., Houston-Price, C., & Kennedy, O. B. (2014). Let's look at leeks! Picture books increase toddlers' willingness to look at, taste and consume unfamiliar vegetables. *Frontiers in Psychology*, *5*, 191.

8) 이수진, 정경미. (2015). 실제 채소에 대한 노출 프로그램이 유아의 채소섭취 및 실제 식사행동에 미치는 영향. **한국심리학회지: 건강**, 20(2), 425-444.

9) Kim, S. Y., Chung, K. M., & Jung, S. (2018). Effects of repeated food exposure on increasing vegetable consumption in preschool children with autism spectrum disorder. *Research in Autism Spectrum Disorders*, *47*, 26-35.

10) Wardle, J., Guthrie, C. A., Sanderson, S., & Rapoport, L. (2001). Development of the children's eating behaviour questionnaire. *Journal of Child Psychology and Psychiatry*, *42*(7), 963-970.

11) 주정현, 정경미 (2012). 한국형 아동 섭취행동 질문지(K-CEBQ)의 표준화 연구. **한국심리학회지: 건강**, 17(4), 943-961.